NIVEL 2

COLECCIÓN **LEER EN ESPAÑOL**

La corza blanca

Gustavo Adolfo Bécquer

SANTILLANA
ESPAÑOL

**Universidad
de Salamanca**

La colección LEER EN ESPAÑOL ha sido concebida, creada y diseñada
por el Departamento de Idiomas de Santillana Educación, S. L.

La adaptación de la obra *La corza blanca*,
de Gustavo Adolfo Bécquer, para el Nivel 2 de la colección,
es de Fernando Sánchez-Bordona Arizcun.

Edición 1992
Coordinación editorial: **Silvia Courtier**
Dirección editorial: **Pilar Peña**

Edición 2008
Dirección y coordinación del proyecto: **Aurora Martín de Santa Olalla**
Edición: **Begoña Pego**

Edición 2009
Dirección y coordinación del proyecto: **Aurora Martín de Santa Olalla**
Actividades: **Nuria Vaquero**
Edición: **Begoña Pego**

Dirección de arte: **José Crespo**
Proyecto gráfico: **Carrió/Sánchez/Lacasta**
Ilustración: **Jorge Fabián González**
Jefa de proyecto: **Rosa Marín**
Coordinación de ilustración: **Carlos Aguilera**
Jefe de desarrollo de proyecto: **Javier Tejeda**
Desarrollo gráfico: **Rosa Barriga, José Luis García, Raúl de Andrés**
Dirección técnica: **Ángel García**
Coordinación técnica: **Fernando Carmona, Lourdes Román**
Confección y montaje: **Marisa Valbuena, María Delgado**
Cartografía: **José Luis Gil, Belén Hernández, José Manuel Solano**
Corrección: **Gerardo Z. García, Nuria del Peso, Cristina Durán**
Documentación y selección de fotografías: **Mercedes Barcenilla**
Fotografías: Algar, Krauel; ORONOZ; BIBLIOTECA NACIONAL, MADRID; COLECCIÓN
PARTICULAR, MADRID, Fundación Lázaro Galdiano, ARCHIVO SANTILLANA

© 1992 by Universidad de Salamanca y
   Grupo Santillana de Ediciones, S. A.
© 2008 Santillana Educación
© 2009 Santillana Educación
Torrelaguna, 60. 28043 Madrid
En coedición con Ediciones de la Universidad de Salamanca

Dados Internacionais de Catalogação na Publicação (CIP)
(Câmara Brasileira do Livro, SP, Brasil)

Adolfo Bécquer, Gustavo —
   La corza blanca / Gustavo Adolfo Bécquer. —
São Paulo : Moderna, 2012. — (Colección Leer en Español)
Inclui CD
   1. Ficção espanhola I. Título. II. Série.
12-12214   CDD-863

Índices para catálogo sistemático:
   1. Ficção : Literatura espanhola   863

ISBN: 978-85-16-08290-1
CP: 125233

Reprodução proibida. Art.184 do Código Penal e Lei 9.610 de 19 de fevereiro de 1998.
Todos os direitos reservados.

SANTILLANA ESPAÑOL
EDITORA MODERNA LTDA.
Rua Padre Adelino, 758 — Belenzinho
São Paulo — SP — Brasil — CEP 03303-904
www.santillana.com.br
2019
Impresso no Brasil

Quedan rigurosamente prohibidas, sin la autorización escrita de los titulares del «Copyright», bajo las sanciones establecidas en las leyes, la reproducción total o parcial de esta obra por cualquier medio o procedimiento, comprendidos la reprografía y el tratamiento informático, y la distribución de ejemplares de ella mediante alquiler o préstamo públicos.

El escritor Gustavo Adolfo Bécquer (1836-1870) es el poeta más importante del Posromanticismo español y el padre de la poesía moderna en castellano.

Bécquer escribe en un tiempo en el que el Romanticismo es ya cosa del pasado y los escritores prefieren una literatura realista, espejo de los problemas del momento. Sin embargo, en su obra aparece lo que el Romanticismo tuvo de nuevo y original: el sentimiento de lo personal.

Dos son sus obras más conocidas: un libro de poesía, las Rimas, *y un libro en prosa, las* Leyendas. *En ellas consigue sacar a la luz el mundo de sus sueños y sus sentimientos. «En los oscuros rincones de mi imaginación, esperando en silencio que el arte los vista de palabras para poder presentarse después en el teatro del mundo.»*

Pero tratándose de La corza blanca, *poca diferencia hay entre prosa y poesía. En esta leyenda, la lengua de Bécquer se vuelve mágica y misteriosa para confundir a la mujer y a la naturaleza en un maravilloso mundo de hadas y espíritus nocturnos.*

Mapa

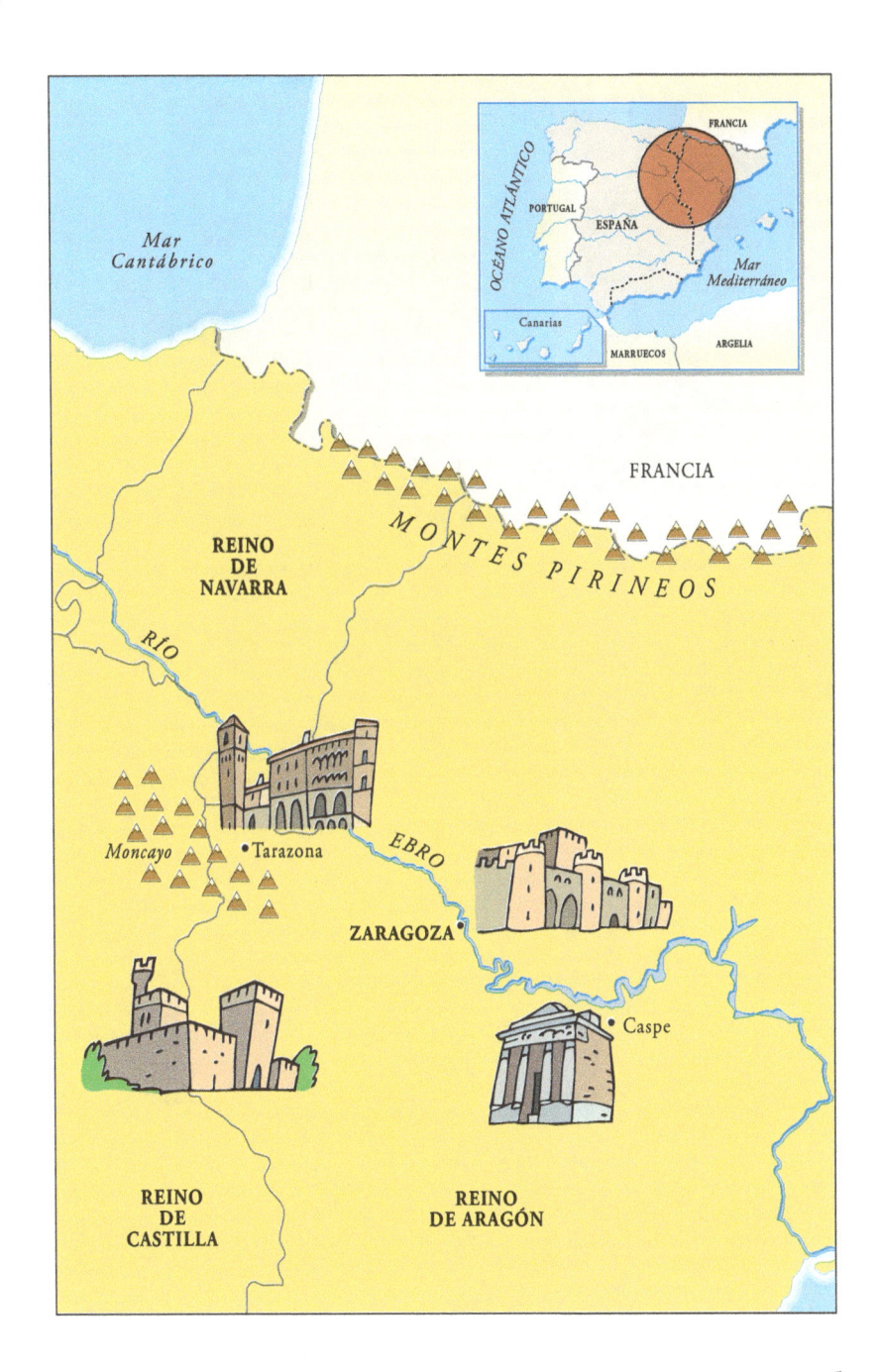

- Mar Cantábrico
- OCÉANO ATLÁNTICO
- PORTUGAL
- ESPAÑA
- FRANCIA
- Mar Mediterráneo
- Canarias
- MARRUECOS
- ARGELIA
- FRANCIA
- REINO DE NAVARRA
- MONTES PIRINEOS
- RÍO
- Moncayo
- Tarazona
- EBRO
- ZARAGOZA
- Caspe
- REINO DE CASTILLA
- REINO DE ARAGÓN

I

Allá por los años de mil trescientos, en un pequeño lugar de Aragón cerca del Moncayo, vivía en su tranquilo castillo[1] un famoso caballero[2] llamado Don Dionís.

Muchos años ha pasado Don Dionís en tierras extranjeras, al lado de su rey. Y ahora descansa de guerras[3] y aventuras, ocupado en el alegre ejercicio de la caza[4], su deporte preferido.

En esta ocasión va con su hija, una joven muy guapa y tan blanca que todos la conocen por el nombre de Azucena[5].

El caballero está cazando por sus tierras. Toda la mañana ha seguido a un animal sin poder matarlo. Y ya, cansado de tanto correr, llegado el momento de más calor del día, decide parar cerca de un pequeño río.

El lugar, con sus árboles de un verde suave, con el alegre ruido del agua cerca, le parece el mejor para pasar las horas de la siesta.

Allí se quedan, pues, Don Dionís y toda la gente que va con él. Sentados unos, medio acostados otros, empiezan a hablar de las aventuras que han vivido por la mañana. También se acuerdan de otros tiempos. Y cada uno cuenta las cosas más o menos divertidas o extrañas que le ocurrieron en cacerías[6] pasadas.

Así pasan dos horas tranquilas hasta que los cazadores creen oír un pequeño ruido, traído por el viento. Parece una esquila[7], de ésas que llevan los corderos[8]. Y sí lo es. Porque a los pocos minutos todos ven bajar hacia ellos unos cien corderos blancos. Detrás de ellos viene el pastor[9] que los conduce.

—Mirad[10], señor —dice uno de los cazadores a Don Dionís—, aquí tenéis a Esteban, el pastor. ¡Pobrecito! El chico nunca ha sido muy listo y la verdad es que está más tonto cada día. Pero dejadle contar por qué está tan asustado estos últimos tiempos. Con él nos podemos divertir bastante.

—Pero ¿qué le ocurre a ese pobre chico? —pregunta Don Dionís, interesado.

—¡Nada! No le ocurre nada —contesta el cazador con una pequeña risa[11]—. Sólo que es un poco raro: le pasan cosas que no le pasaron a nadie. O quizás sólo a Salomón, que sabía entenderse con los pájaros.

—¿Qué quieres decir? ¡Cuéntanoslo todo!

—Él dice —sigue el hombre— que los ciervos[12] de estos campos no lo dejan tranquilo. Y hay más: dice que ha visto a esos animales ponerse de acuerdo para preparar bromas contra él; sí, y que después de gastarle esas bromas se ríen. Habéis oído bien: ha oído sus risas.

Mientras decía esto el cazador, Constanza —así se llama en verdad la preciosa hija de Don Dionís— se ha sentado al lado de su padre. Y enseguida empieza a hacer preguntas. Ella también quiere conocer la maravillosa historia de Esteban.

Entonces, uno de los hombres va hacia el pastor, que está dando de beber a sus corderos.

El chico, tímido, se deja llevar hasta Don Dionís. Éste enseguida lo saluda por su nombre y con una gran sonrisa, para no asustarlo.

II

Esteban es un chico de diecinueve a veinte años, fuerte, con la cabeza pequeña. Sus ojos son azules, pequeñitos también y su nariz, corta; sólo la boca es grande, como medio abierta siempre. Tiene la cara morena por el sol. Y el pelo, que le cae encima de los ojos, es de color rojo.

Todos ven en él una persona poco inteligente, sencilla y tímida.

Cuando el pastor parece estar un poco más tranquilo Don Dionís empieza a hablar. Le hace creer a Esteban que está muy interesado por su historia. Y muy serio, le hace mil preguntas para saberlo todo. Pero el pastor tiene miedo y no quiere hablar. Mira a Don Dionís, mira a su hija Constanza... Todos lo miran, todos esperan. Pasan los minutos y no dice nada. Hasta que por fin se decide a hablar.

Una última vez Esteban mira a su alrededor: no, no hay nadie más por aquí; sólo Don Dionís y sus gentes lo están escuchando. Y despacio, empieza...

—Señor, no quería contar nada de este asunto. Es mejor callar, porque yo no lo puedo explicar bien. Además, un cura[13] de Tarazona me dijo una vez: «Ten cuidado con el diablo[14] y anda lejos de él». Y en esta historia el diablo parece estar por medio... Pero os la voy a contar.

La corza blanca

—¡Vamos, vamos! ¡Empieza ya! —le dice nervioso Don Dionís.
—Ya empiezo —contesta Esteban—. No la vais a creer, pero ésta es la historia:
Hace algún tiempo no quedaba caza en estas tierras. Nadie veía un solo ciervo por estos campos. De estas cosas hablaba yo con otros pastores cuando algunos me dijeron: «Hombre, Esteban, no sé... Tú dices que no los ves... Pero nosotros sí hemos encontrado ciervos. Mira, hace tres o cuatro días vimos más de veinte». «¿Y hacia dónde iban?», les pregunté yo. «Hacia la cañada de los cantuesos[15]», me contestaron. Y sin pensarlo dos veces, aquella misma noche me fui a la cañada. Una vez allí, me puse detrás de unos árboles. Y toda la noche estuve oyendo, a veces cerca, a veces lejos, el bramido[16] de los ciervos que se llamaban unos a otros. Además, en algunas ocasiones, y por detrás, sentía moverse algo cerca de mí, pero no pude ver ningún animal. Cuando salió el sol, llevé los corderos hacia el río, cerca de aquí: y entonces, en una parte muy oscura, encontré huellas[17] de ciervos. Había plantas rotas y también... —esto es más raro todavía— también encontré huellas de unos pies pequeñitos. Eran como la mitad de mi mano.

El pastor entonces se para y mira hacia el pie de Constanza, que sale un poco por debajo del vestido. Lleva un precioso zapato amarillo. Pero como al mismo tiempo que Esteban, Don Dionís y algunos de los cazadores bajan también los ojos, la joven mete el pie rápidamente.

—¡Oh, no! —dice—. Yo no tengo los pies tan pequeñitos. Sólo las hadas[18] los tienen así.

—En otra ocasión —continúa el pastor—, también de noche, estuve en la cañada. Pasadas unas horas, me entró sueño y me dormí. Pero poco después empecé a oír ruidos a mi alrededor, ruidos que estaban cada vez más cerca. Abrí los ojos y me puse en pie: el viento me traía como gritos y canciones, risas, palabras extrañas que yo no entendía. Por un segundo creí que eran las chicas del lugar; las jóvenes

Gustavo Adolfo Bécquer

En este momento de la historia, todos empiezan a reírse. Don Dionís, el primero. Y Constanza, más fuerte que nadie. Es demasiado divertido...

que iban al río a por agua. Pero no, no era eso... Yo oía el ruido ya a mi lado. Aquellas chicas tenían que salir enseguida por allí cerca, casi delante de mí. Y entonces oí unas palabras claras y fuertes:
¡Por aquí, amigas, por aquí, que
está allí el tonto de Esteban!
En este momento de la historia, todos empiezan a reírse. Don Dionís, el primero. Y Constanza, más fuerte que nadie. Es demasiado divertido... Todos miran a Esteban sin poder hablar, de tanta risa.

Pero al pobre pastor no le preocupa el buen humor de toda esa gente. Mientras los señores ríen, él mira a uno y otro lado. Tiene miedo y parece buscar alguna cosa entre los árboles. Mira a su alrededor y a Constanza con una extraña luz en los ojos. No entiende nada.

—¿Qué ocurre, Esteban? —le pregunta Don Dionís.

—Me pasa una cosa muy extraña —dice el pastor—. Escuchadme ahora, señores. Y creed que es tan verdad como que me llamo Esteban. Después de oír esto, empecé a buscar a la persona que había dicho esas palabras. Y de repente, una corza blanca, blanca como la nieve[19], salió a mi lado. Detrás de ella venían otras muchas corzas, de su color marrón de siempre. Y reían. Sí, reían. Todavía ahora me parece estar oyendo sus risas.

—Vamos, vamos, Esteban —le dice Don Dionís—. Deja esas historias y sigue los consejos de aquel cura de Tarazona: «Ten cuidado con el diablo y anda lejos de él». Si no, vas a perder la poca cabeza que tienes. Vuelve con tus corderos y olvídate de estas aventuras...

Un criado[20] de Don Dionís da a Esteban medio pan blanco y un trozo de carne. El joven lo guarda todo en un bolso. El criado también le trae un poco de vino que el pastor bebe rápido. Luego dice adiós al caballero y a su hija y enseguida vuelve con sus corderos.

Ya es tarde. Han pasado las horas de calor y el viento empieza a mover los árboles. Ya es hora de cazar otra vez. Los criados dejan libres a los perros, que empiezan a correr por los campos.

III

Entre las personas que van con Don Dionís está Garcés. Hijo de un viejo criado de la familia, es muy querido por sus señores.

El chico tiene más o menos la edad de Constanza. Siempre, desde pequeño, ha tenido que ocuparse de ella, de sus armas y de sus animales.

Los otros criados nunca lo han querido. Muchos sienten envidia[21] porque por su trabajo siempre está cerca de los señores. Así, claro, a veces recibe de ellos dinero y otras cosas.

¡Y los mil cuidados[22] que tiene con la joven señora...! A ella no le hacen falta tantos, no es necesario ser tan amable, piensan algunos.

Otros, es verdad, creen otra cosa: dicen que detrás de tantos cuidados hay un amor[23] imposible; que Garcés, el joven criado, quiere, desde siempre a la hija de su señor, Don Dionís.

Claro que si esto es así, bien fácil es de entender: Constanza, la Azucena del Moncayo, como la llaman todos, es tan blanca y tan rubia que, como las azucenas, parece ser de nieve y oro.

La gente dice que Constanza no es tan limpia de sangre[24] como guapa. Y dice también que nadie conoció a su madre. Algunos creen que era una mujer extraña, de un raro país. Pero nadie ha sabido decir quién fue.

La corza blanca

De joven, Don Dionís corrió grandes aventuras. Tuvo una vida llena de peligros. Estuvo en muchas guerras, primero en España, al lado del rey de Aragón, y luego lejos, en tierras extranjeras.

Cuando, después de bastantes años, el caballero volvió por fin a su tranquilo castillo, no volvió solo. De aquellos países traía con él una hija pequeña nacida allí.

Sólo el padre de Garcés, que vino con ellos, sabía la verdad sobre este asunto. Muchas veces le preguntó su hijo, pero nunca consiguió respuesta.

Constanza siempre ha sido diferente: tímida y divertida a la vez, alegre por un momento y triste un minuto después. Muy blanca y de pelo rubio, tiene los ojos negros como la noche.

Hasta Garcés ha pensado a veces que su señora no es igual a las otras mujeres.

También él ha oído la historia de Esteban. Como todos, se ha reído mucho de la extraña aventura, pero a él todo eso le parece mucho más que una broma...

La cacería ha seguido y él solamente puede pensar en la corza blanca. Sí, la verdad es que no consigue pensar en otra cosa.

«Está claro que esto es mentira –piensa–. No es más que un sueño, un bonito y raro sueño, pero nada más. Esteban es un tonto.»

Pero mientras sigue a Constanza, otras ideas le vienen a la cabeza.

«Pero... quizás es verdad –se dice–. ¿Puede haber una corza blanca? Sí, puede haberla. ¡Entonces, tengo que cogerla para mi señora!»

Garcés pasa así toda la tarde. Y cuando Don Dionís decide volver al castillo, el joven se va al bosque a buscar al pastor.

IV

Ya es de noche cuando Don Dionís llega a las puertas del castillo. Enseguida, manda preparar la cena y se sienta con su hija a la mesa.

–¿Y Garcés? ¿Dónde está? –pregunta Constanza.

–No lo sabemos –le dicen los criados–. La última vez que lo vimos fue en la cañada. Después no estuvimos con él. No volvió con nosotros.

En ese mismo momento entra el joven. Viene muy deprisa: ha corrido mucho y llega cansado. Pero parece contento; sí, su cara está más alegre que nunca.

–Perdonadme por el retraso. Y no os enfadéis, señora, porque he estado ocupándome de vuestros asuntos.

–¿De qué asuntos hablas, Garcés? No entiendo qué quieres decir.

–Señora –dice–, estoy seguro de que la historia de la corza blanca es verdad. Otros pastores, además de Esteban, la han visto y con su ayuda, dentro de tres o cuatro días, tengo que haberla cogido, viva o muerta.

–¡Bah, bah! –contesta Constanza con una sonrisa, mientras todos empiezan a reír–. Déjate de cacerías y olvida las corzas blancas. ¿No sabes que es peligroso buscar al diablo? Y tú, si sigues así, te vas a encontrar con él. No seas tan tonto como el pobre Esteban. El diablo va a reírse de ti.

La corza blanca

—Señora —dice ahora nervioso y un poco enfadado—, yo nunca he visto al diablo pero ni él ni nadie va a reírse de mí. Además, estoy seguro: la historia de Esteban es verdad. Yo sé que la corza blanca está allí, en el bosque. Voy a encontrarla y a traérosla. Viva o muerta, pero tengo que traerla.

—Pero ¿y si te saluda con algunas palabras dulces como hizo con Esteban? ¿Y si se ríe de ti, como de él, y del miedo pierdes tus flechas[25]? —sigue Constanza.

—De eso no hay peligro, estad segura. Ese animal puede reírse, pero va a recibir su flecha igual. Sí, voy a cazar la corza blanca, señora. Tengo que cazarla.

Don Dionís, con la cara muy seria, empieza entonces a contarle, de broma, qué tiene que hacer para cazar la famosa corza. Le da los consejos más originales del mundo. Si se encuentra con el diablo cambiado en corza, le dice a Garcés, tiene que hacer estas cosas, o aquellas otras. Mil ideas le da. Y el chico no sabe qué creer.

A cada palabra de su padre, Constanza mira a Garcés y ríe. Los criados intentan no hacerlo pero no siempre lo consiguen. Y así, todos de buen humor, toman la cena. Cuando terminan, Don Dionís y Constanza se levantan. Pronto se van a sus habitaciones a dormir.

Garcés no se ha movido. Se ha quedado solo y allí está pensando. Mientras todos duermen ya, desde hace bastante tiempo, él recuerda la cena.

«¿Por qué tantas bromas, tantas risas? —se dice—. ¿Es que no puede ser verdad la historia de Esteban? ¿Tengo que olvidarme de todo eso, quizás? No, hombre, no. Voy a buscar esa corza blanca. Si no la encuentro, no pierdo nada... Y si la encuentro, voy a reírme yo de toda esta gente... ¡Oh, sí, cómo me voy a reír! Ya está decidido, y no voy a esperar un minuto más.»

Garcés coge sus armas y sale del castillo. Tranquilo, sin prisa, vuelve al bosque.

V

Cuando Garcés llega a la cañada, la luna empieza a salir por detrás de las montañas. En el silencio de la noche hay algo extraño, algo maravilloso.

Como buen cazador que es, antes de elegir un sitio para esperar a la corza blanca, estudia muy bien el lugar. Lo mira todo a su alrededor, el río, los árboles, los caminos... Por último, vuelve hacia el río y se queda parado cerca de un pequeño bosque de árboles altos y oscuros.

El río que baja del Moncayo entra en la cañada más arriba. Y con alegre cancioncilla, juega entre las piedras antes de llegar al sitio elegido por Garcés. Los árboles cierran este tranquilo lugar. A veces, el viento los mueve y deja pasar entre ellos la pálida luz de la luna.

Garcés espera aquí horas y horas, preparado para oír el más pequeño ruido. Pero a su alrededor sólo hay un oscuro y pesado silencio.

Y poco a poco, el joven criado empieza a sentir que las ideas llegan más lentamente a su cabeza.

Todo ayuda al sueño: la dulce canción del agua, el viento que pasa suavemente, el olor de las flores... Y Garcés se queda dormido.

Pasadas dos o tres horas, Garcés abre de repente los ojos y se levanta asustado. Le ha parecido oír gritos extraños que venían de muy lejos. Gentes que hablaban y cantaban, risas alegres.

La corza blanca

Garcés se prepara para dormir un poquito más cuando empieza a oír una canción. Garcés escucha sin moverse. Él sabe que le está ocurriendo algo maravilloso.

Pero es sólo un momento. Enseguida todo queda otra vez en silencio.

«He debido de soñar –piensa–. Sí, estaba soñando con las historias del pastor, seguro.»

Ya tranquilo, Garcés se prepara para dormir un poquito más cuando empieza a oír estas palabras:

El caballero que mira desde el castillo ha descansado su pesada cabeza en la pared.
El cazador que esperaba la caza, se ha dormido.
El pastor duerme y va a dormir hasta la mañana.
Ven, reina de las hadas, síguenos.
Ven a vivir el dulce tiempo de la noche.
Ven a sentir el viento entre los árboles.
Ven a escuchar el ruido amable de las aguas.
Ven a vivir la noche, es la hora de los espíritus[26].

Garcés escucha sin moverse. Él sabe que le está ocurriendo algo maravilloso. Cosas que quizás nunca va a poder explicar.

Cuando calla la suave música, muy despacio, empieza a mirar a su alrededor. Y entonces, ve llegar a las corzas que bajan hacia el río. Corren y corren. Se esperan unas a otras y juegan. Pasan, alegres, por encima de las plantas. Se paran un momento detrás de los árboles y de repente, salen de allí divertidas. La corza blanca, más rápida y más bonita que las otras, va la primera. Garcés ve fácilmente su extraño color sobre la noche oscura.

Por un momento se queda con la boca abierta, sin poder pensar. Pero, poco a poco, el joven despierta como de un sueño. Se empieza a reír de sí mismo y de su miedo. Vuelve al mundo: está en la cañada de los cantuesos, y está de caza. Ésa es la verdad. Ni los animales, ni sus cortos bramidos, le son extraños. Y ya ha visto al animal que buscaba.

Esta noche la corza blanca va a ser suya. Porque él es un buen cazador. Siempre lo ha sido.

Garcés mira con cuidado a su alrededor. ¿Dónde están las corzas ahora? Iban hacia el río. Sí, allí deben de estar.

El cazador empieza a andar despacio. Intenta no hacer ningún ruido. Lleva entre las manos su arma preparada. Ya está cerca. Se para un momento y espera detrás de unos árboles. Siempre es mejor disparar[27] a los animales cuando están en el agua. Así la flecha es más segura. Por fin Garcés oye que las corzas están jugando en medio del río. Entonces, sale de detrás del árbol, levanta su arma y... un grito sale de su boca.

¡Las corzas! ¿Dónde están? ¡Allí no hay ninguna corza!

En su lugar, el joven, muy asustado, sólo ve un grupo de mujeres muy bonitas. La luz de la luna, que está ya muy arriba en el cielo, encima del río, le da a todo un extraño color azul.

Nunca los ojos de Garcés han visto una cosa igual. No sabe qué hacer.

Las jóvenes se han quitado sus vestidos de mil colores y los han dejado por el suelo, sin cuidado alguno. Unas pasean por el campo y cogidas del brazo charlan alegremente. Mientras, otras se meten en el río con mucho ruido. Entran y salen. Y tanto mueven el agua que parece haber lluvia alrededor de ellas. Algunas de sus amigas, tranquilamente sentadas, las están mirando. Sus manos blanquísimas juegan con las plantas y las flores de tan suave olor. Otra, subida en un pequeño árbol muy cerca del río, deja caer su precioso pelo en el agua.

A Garcés, le es imposible verlas a todas. Como las corzas que ha visto antes, las mujeres corren y juegan. Se siguen unas a otras. Pasan entre los árboles o nadan en el río. Están en todas partes a la vez.

Es como un cuadro maravilloso. Garcés no puede entenderlo. Todo le parece un sueño, un bonito y extraño sueño. Mira a todos los lados y no mira a ningún sitio. De repente... entre aquellas mujeres, le ha parecido ver... ¡a la hija de Don Dionís!, ¡su señora! Unas jóvenes, todas ellas guapísimas, la están ayudando a quitarse las ropas. Y

Garcés ve el cuerpo tan blanco de su querida Constanza. No puede ser verdad. El joven no puede o no quiere creerlo.

Sus ojos ven a Constanza. Pero su cabeza dice que no es ella. Y mientras más la mira, más seguro está: «¡Es ella! No es mentira. No estoy soñando».

Esa mujer es Constanza, es su señora, porque ése es su precioso pelo, rubio como el oro; es ella porque ése es su cuerpo, blanco como la nieve; es ella porque ésos son sus ojos negros; aquéllas son sus manos y aquéllos sus pies pequeñitos.

Es verdad, esa joven es su querida Constanza. Allí está, delante de él, la mujer tantas veces soñada por Garcés.

En ese momento Constanza sale del bosque y sus amigas empiezan a recitar dulcemente:

Venid, hermanos del viento, viajeros maravillosos.
Venid, oscuros hijos de los bosques.
Venid, fríos seres[28] que vivís en las aguas de los ríos.
Venid todos vosotros, espíritus de la noche.
Venid y llenad nuestro silencio con vuestros besos.
Venid, que ya la luna se pasea como una reina por el alto cielo.
Venid, que ha llegado el tiempo extraño de los sueños encantados.
Venid, amigos, que las hadas os esperan.

Garcés sigue allí sin poder moverse. Mientras escucha la canción siente envidia de esos espíritus.

No quiere oír más, tiene que romper ese momento. Rápidamente, casi sin pensarlo, Garcés corre hacia el río. Y cuando llega, aquel extraño mundo se acaba. A su alrededor, no ve ni oye más que un grupo de corzas. Unas tímidas corzas que, asustadas por el joven, corren ahora, cada una por su lado, para volver al bosque.

«¡Oh! Bien sabía yo que todo eran mentiras del diablo –piensa Garcés–. Por suerte, ha sido bastante tonto esta vez. Y me ha dejado aquí el mejor animal.»

Y así es: la corza blanca se ha parado no muy lejos de él. Corría hacia el bosque. Pero entre los primeros árboles se ha encontrado con unas plantas muy altas y no consigue seguir su camino. Garcés, rápidamente, toma su arma. Pero cuando va a disparar, la corza vuelve la cabeza:

—¡Garcés! —le grita—. ¿Qué haces?

Por un momento el joven se queda sin moverse, como de piedra. Luego deja caer el arma al suelo. Está asustadísimo por la sola idea de herir a su querida Constanza. De repente una fuerte risa le hace volver otra vez al mundo. En estos cortos segundos, la corza se ha quedado libre y ha empezado a correr hacia el bosque. Garcés la sigue con los ojos. Mientras, cada vez más lejos, ella ríe y ríe la broma que ha hecho al cazador.

—¡Hija del diablo! —grita el cazador—. ¡Demasiado pronto te has creído libre de mí!

Y al mismo tiempo recoge su arma y dispara. La flecha se pierde en el bosque.

Entonces oye un grito horrible.

—¡Dios mío! ¡Dios mío! —grita a su vez Garcés—. ¡Era verdad! ¡Todo era verdad!

Rápidamente corre hacia los árboles. Sigue el camino de la flecha. De allí ha salido ese horrible grito.

Y cuando llega al lugar, Garcés encuentra a Constanza, herida por su mano, en un charco[29] de sangre.

ACTIVIDADES

Antes de leer

1. La obra de estos tres españoles tiene algunas características en común.

   a. Busca el retrato que corresponde a cada uno.

Francisco de Goya y Lucientes Si necesitas una pista: es el mayor de los tres.	José de Espronceda	Gustavo Adolfo Bécquer Si necesitas una pista: puedes ver su retrato en la página 5 de este libro.

   ① ② ③

   b. Lee y describe a cada autor.

chaqueta marrón	pelo rizado	pelo castaño	pelo negro
chaqueta negra	bigote fino	perilla	patillas
camisa blanca	pañuelo blanco	bigote ancho	pañuelo negro

   Bécquer es el del…
   Goya es el del…
   Espronceda es el del…

   c. ¿Sabes quién de ellos es el autor de cada una de estas obras? Señálalo.

A. En 1799 pinta *El sueño de la razón produce monstruos*, obra en la que defiende las pasiones y los sentimientos frente a la razón.	B. Escribe el poema «La canción del pirata», un canto a un personaje que vive al margen de la libertad y rechaza las normas sociales.	C. Entre 1858 y 1965 escribe numerosas leyendas de misterio. En ellas los temas más frecuentes son la muerte, el amor trágico, la imaginación, el mundo de los muertos, los espíritus y las hadas.

23

La corza blanca

2. Estos tres autores se relacionan de alguna manera con el Romanticismo. ¿Cuáles crees que son temas románticos que van a tratar en sus obras?

   ☐ los sentimientos ☐ la razón ☐ la ciencia
   ☐ la naturaleza ☐ la libertad ☐ la vida en la ciudad
   ☐ la muerte ☐ la felicidad en el amor
   ☐ la tristeza provocada por el amor

3. Lee ahora el texto de la página 5 de este libro y termina de desarrollar estas ideas sobre la obra de Bécquer.

   > La obra de Bécquer se encuadra en el Romanticismo tardío o en el ___ (a)
   > Su obra más conocida en prosa son las _____ (b). En ellas aparece el mundo de los sueños y los sentimientos.
   > *En* La corza blanca *aparecen estos temas: la mujer, la* _____
   > (c), *el mundo de las* _____ (d) *y los espíritus de la noche.*

4. ¿Sabes qué es una corza? ¿A cuál de estos animales se parece más?

   a. cordero   b. ciervo   c. gorrión

   Contrasta tu respuesta con la definición de corza que aparece en el glosario (página 34).

5. Escribe palabras que te sugieran los temas que están presentes en *La corza blanca*.

   - La mujer
   - La naturaleza
   - Las hadas
   - La noche y los espíritus de la noche

ACTIVIDADES

6. Lee ahora todo lo que has escrito. ¿Qué crees que va a pasar en la historia que vas a leer? Piensa en ello y anticipa algunos elementos de esta leyenda.

_____
_____
_____
_____
_____
_____

Durante la lectura

Capítulo I

7. ① Escucha el capítulo y marca en el mapa de la página 6 toda la información que reconozcas. Luego, observa el mapa y contesta:
   a. ¿En cuál de los castillos del mapa transcurre la historia?
   b. ¿Qué monte está cerca de ese castillo?
   c. A la hija del dueño del castillo todos la conocen por el nombre de Azucena, pero ¿sabes cuál es su verdadero nombre?

8. ¿Quiénes son los personajes de este capítulo? Relaciona esta información.

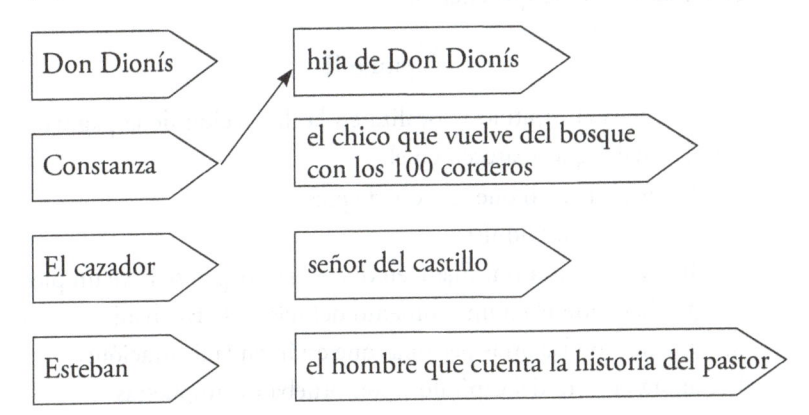

Don Dionís	hija de Don Dionís
Constanza	el chico que vuelve del bosque con los 100 corderos
El cazador	señor del castillo
Esteban	el hombre que cuenta la historia del pastor

25

9. ¿Qué cuenta el cazador sobre Esteban en este capítulo? Indícalo.

   a. Que Esteban es un poco tonto.

   b. Que Esteban está assustado

   c. Que Esteban dice que por la noche los ciervos se transforman en personas.

   d. Que Esteban es una persona poco sociable, que le gusta estar siempre solo.

   e. Que Esteban está loco.

   f. Que Esteban cuenta que los ciervos le hacen bromas y luego se ríen de él.

10. Vuelve a leer la parte del capítulo de la página 8 y comprueba tus respuestas. Piensa en todo lo que le pasa a Esteban y busca una posible explicación para lo que cuenta.

Capítulo II

11. ② Escucha el capítulo y localiza en la ilustración de la página 11 a los personajes que aparecen en él.
    a. ¿Quién es el chico que aparece de pie?
    b. ¿Quién es Don Dionís?
    c. ¿Quién es Constanza? Fíjate en que en la imagen se le ve un pie.
       ¿Qué hace con él en un momento del relato de Esteban?
    d. ¿Quiénes son las otras personas que están en la ilustración?
    Lee ahora el texto del capítulo y comprueba tus respuestas.

ACTIVIDADES

12. Indica si las siguientes afirmaciones son verdaderas o falsas.

	V	F
En la historia que cuenta Esteban pasan cosas extrañas.		
En la historia que cuenta Esteban aparecen hadas, diablos, ciervos y corzas.		
Una noche Esteban escucha a unos ciervos. Por la mañana, cerca de donde los ha visto encuentra huellas de ciervos y huellas de los pies de unos cazadores.		
Constanza dice que sus pies son más grandes que los de las hadas.		
Entre sueños, Esteban escucha la voz de unos cazadores. Al despertar solo ve alejarse a un grupo de corzas. Le parece que hablan entre ellas y se ríen de él.		
Don Dionís le aconseja a Esteban que se olvide de esas historias, porque no son reales, sino imaginaciones suyas.		

Ahora corrige las que son falsas. (Una pista: solo tienes que corregir tres.)

13. Al final del capítulo, Don Dionís le dice a Esteban: «"Ten cuidado con el diablo y anda lejos de él". Si no, vas a perder la poca cabeza [perder la cabeza significa volverse loco] que tienes».

    a. ¿Qué le quiere decir?   b. ¿Crees que Esteban le va a hacer caso?

Capítulo III

14. ③ Escucha el capítulo y completa esta ficha.

Constanza, a la que todos llaman _____

a. ¿Dónde conoció su padre a su madre?
b. ¿Cómo era su madre?
c. ¿Qué personas conocieron a su madre?
d. ¿Qué siente Garcés por Constanza?

Ahora lee el capítulo y comprueba tus respuestas.

La corza blanca

15. Fíjate en la descripción que se hace de Constanza y completa esta información.
    a. Blanca y de pelo rubio, pero...
    b. Es tímida y...
    c. Puede parecer alegre un rato y...

16. Vuelve a leer la información que has apuntado y piensa en metáforas como la del ejemplo para describir a Constanza.

Se dice de ella que...	Metáfora
a. Tiene la piel blanca.	a. Es blanca como la nieve.
b. Tiene los ojos negros.	b. Tiene los ojos negros como...
c. Tiene el pelo rubio.	c.
d. Es alegre.	d.
e. Es tímida.	e.

17. Si te has fijado, en el capítulo se dice que «Constanza no es limpia de sangre». ¿Qué crees que significa este comentario?
    a. Durante los siglos XVI y XVII se decía de las personas que descienden de judíos o moriscos convertidos al cristianismo.
    b. Se dice de las personas que no tienen sangre azul, es decir, que no tienen orígenes nobles.
    c. Se dice de las personas que ocultan su pasado, de las que no se sabe quiénes fueron sus padres.

Capítulo IV

18. Lee el final de este capítulo: «Garcés coge sus armas y sale del castillo. Tranquilo, sin prisa, vuelve al bosque». Ahora piensa qué va a pasar en él:
    a. ¿Qué crees que va a hacer Garcés al bosque?
    b. ¿Qué crees que le hace tomar esa decisión?
    Piensa en ello y anticipa algunos elementos de este capítulo.

19. **4** Ordena los hechos que se narran en este capítulo. Luego escucha para comprobar y ampliar la información de lo que pasa en el capítulo.

Hechos	Orden
Constanza le habla a Esteban del diablo.	
Constanza se ríe de Garcés.	
Don Dionís da consejos a Garcés para cazar a la corza blanca.	
Don Dionís vuelve de cacería.	
Don Dionís y Constanza se van a dormir.	
Garcés decide salir al bosque.	
Garcés le dice a Constanza que él va a cazar a la corza blanca.	
Garcés llega al castillo. Está muy contento.	
Otros pastores, además de Esteban, también han visto a la corsa blanca.	

20. Con los datos de la tabla anterior y de la información que has ampliado, escribe un resumen de lo que pasa en la historia. Luego lee el capítulo para comprobar, y si lo necesitas, reelabora el resumen.

21. En este capítulo Constanza vuelve a hablarle a Garcés del diablo. Busca el comentario que le hace. ¿En qué sentido utiliza Constanza la palabra *diablo*? ¿Tiene algo que ver ese sentido con este cuadro de Goya? ¿Por qué?

1 Espíritu que se opone a la acción de Dios: *El diablo se ha representado a menudo con forma humana, pero con cuernos, cola y patas de cabra.*
2 Persona muy hábil y astuta para conseguir lo que se propone: *Como es un verdadero diablo, llegará a la presidencia de la empresa.*
3 Persona muy traviesa e inquieta, especialmente si es un niño: *Estos niños son unos diablos y no hay quien los aguante.*
4 Persona malvada o que tiene mal genio: *No confíes en él porque es un diablo y cuando menos te lo esperes, te traicionará.*

El aquelarre (1797-1798)

La corza blanca

22. Piensa en lo que le puede pasar a Garcés si, en su busca de la corza blanca, se deja engañar por el diablo. Anticípate a lo que va a ocurrir en el siguiente capítulo.

Capítulo V

23. Fíjate en la ilustración que aparece en la página 18 y lee la información que aparece en el pie de imagen. Imagina dónde está Garcés y cómo ha llegado hasta allí. ¿Qué puede ser eso maravilloso que le está pasando?

24. ⑤ Escucha con atención el capítulo y responde estas preguntas. Luego léelo y comprueba tus respuestas.

    a. Garcés se queda dormido en el bosque. ¿Por qué se despierta?
    b. Fíjate en las palabras que escucha Garcés en el bosque. ¿De quién hablan? ¿Quién es el cazador? ¿Y la reina de las hadas?
    c. ¿Qué ve Garcés cuando despierta? ¿A quién reconoce?
    d. ¿Qué pasa cuando Garcés llega al río? ¿A quién ve?
    e. ¿Por qué Garcés no dispara enseguida su flecha contra la corza blanca?
    f. ¿A quién ha disparado realmente Garcés? ¿A quién mata?

Después de leer

25. Busca una explicación para lo ocurrido en el capítulo final en la que no aparezcan:

    a. Hadas o espíritus.
    b. Mujeres que se transforman en corzas (o viceversa).
    c. La presencia del diablo.

26. ¿Están presentes estos elementos propios del Romanticismo en el capítulo final de *La corza blanca*? ¿De qué manera? Explícalo.

    ☐ la naturaleza   ☐ el misterio   ☐ los paisajes nocturnos
    ☐ la muerte   ☐ el amor imposible   ☐ el sueño
    ☐ el mundo sobrenatural (espíritus y hadas) ☐ la luna

27. Piensa en un final distinto para *La corza blanca* que incluya todos los elementos temáticos anteriores.

28. ¿Conoces historias de misterio de tu cultura? ¿Aparecen en ellas personajes sobrenaturales? ¿Cómo son esas historias y esos personajes? ¿Dónde transcurren? Elige una de ellas y llévala a la clase para contársela a tus compañeros.

SOLUCIONES

1. a. 1: Bécquer; 2: Goya; 3: José de Espronceda. b. Bécquer es el del pelo negro y rizado, perilla y bigote fino; lleva una chaqueta negra y una camisa blanca. Goya es el del pelo castaño y patillas largas; lleva un pañuelo blanco y una chaqueta marrón. Espronceda es el del pelo negro, con bigote ancho y perilla; lleva chaqueta y pañuelo negros. c. A: Goya; B: Espronceda; C: Bécquer.

2. Los sentimientos, la libertad, la naturaleza, la muerte, la tristeza provocada por el amor.

3. (a) Posromanticismo; (b) *Leyendas*; (c) muerte; (d) hadas.

4. b. ciervo.

7. a. En el castillo de Tarazona; b. El Moncayo; c. Constanza.

8. Don Dionís-señor del castillo. Constanza-hija de Don Dionís. El cazador-el hombre que cuenta la historia del pastor. Esteban-el chico que vuelve del bosque con los 100 corderos.

9. a, b y f.

11. a. Esteban; b. El hombre del sombrero; c. La joven que aparece en la ilustración. Mete el pie debajo del vestido para esconderlo. d. Los criados y cazadores de Don Dionís.

12. V, V, F, V, F, F. Corregidas quedan así:
Una noche Esteban escucha a unos ciervos. Por la mañana, cerca de donde los ha visto encuentra huellas de ciervos y huellas de unos pies pequeñitos.
Entre sueños, Esteban escucha la voz de unas muchachas...
Don Dionís le aconseja a Esteban que se olvide de esas historias, porque son cosas del diablo.

13. a. Le quiere decir que la historia puede no tener una explicación racional, que detrás de ella puede estar el diablo, y que es mejor que se olvide de eso, para evitar problemas. b. Respuesta abierta.

14. Constanza a la que todos llaman la Azucena del Moncayo. a. En el extranjero, en tierras lejanas, cuando estaba participando en una guerra. b. Era una mujer extraña, de un raro país. c. Don Dionís y el padre de Garcés. d. Amor; Garcés está enamorado desde siempre de Constanza.

15. a. Blanca y de pelo rubio, pero de ojos negros. b. Es tímida y divertida. c. Puede parecer alegre un rato y triste un minuto después.

16. b. Tiene los ojos negros como la noche. c. Es rubia como el oro. d. Es alegre como la primavera. e. Es tímida como la luna nueva.

17. a.

19. 5.º; 4.º; 7.º; 1.º; 8.º; 9.º; 6.º; 2.º; 3.º

21. Constanza se refiere al diablo como el espíritu maligno que en el arte se suele representar con cabeza de animal, patas y rabo. Es la representación que aparece en el cuadro *El aquelarre*, de Goya.

24. a. Porque empieza a oír unas palabras dulces. b. Hablan de él (el cazador) y de la reina de las hadas (una mujer misteriosa). c. A unas muchachas bañándose desnudas en el río. Reconoce a Constanza. d. Que ya no están las muchachas, solo hay unas corzas y entre ellas ve una corza blanca. e. Porque cree que la corza blanca es Constanza. f. A Constanza.

NOTAS

Estas notas proponen equivalencias o explicaciones que no pretenden agotar el significado de las palabras o expresiones siguientes, sino aclararlas en el contexto de *La corza blanca*.

m.: masculino, *f.*: femenino, *inf.*: infinitivo.

La corza blanca: la corza, hembra del corzo, es un animal mamífero, parecido al ciervo (ver nota 12) pero más pequeño. Su pelo es habitualmente de color entre marrón y rojo en verano y casi gris en invierno.

[1] **castillo** *m.*: edificio grande, protegido con altas paredes construidas a su alrededor, donde durante la Edad Media (entre los años 476 y 1453) vivía un rey o un noble.

[2] **caballero** *m.*: señor de la Edad Media que pertenecía a la alta clase social. Se llamaba así porque peleaba a caballo.

[3] **guerras** *f.*: luchas armadas entre dos o más países o entre grupos contrarios dentro de un mismo país. Aquí, Cruzadas: luchas de los cristianos contra los musulmanes, entre los siglos XI y XIV, para recuperar los lugares donde vivió y murió Jesucristo.

[4] **caza** *f.*: acción de **cazar**, que consiste en seguir animales para matarlos. El hombre que practica esta actividad se llama **cazador** (*m.*).

[5] **Azucena** *f.*: flor grande de color blanco y olor fuerte. También se usa como nombre propio de mujer.

[6] **cacerías** *f.*: partidas de caza, excursión de personas que salen a cazar.

[7] **esquila** *f.*: campana pequeña que en el campo se pone al cuello de ciertos animales. El ruido que hace este instrumento de metal ayuda a saber dónde están estos animales.

[8] **corderos** *m.*: animales mamíferos, crías de ovejas que todavía no tienen un año; las personas comen su carne y utilizan su piel y su lana de color blanco.

NOTAS

9 **pastor** *m.*: persona que se ocupa de los corderos.

10 **mirad** (*inf.*: **mirar**): **mire** (**usted**): el uso del verbo en segunda persona del plural para dirigirse a una sola persona corresponde a una forma de tratamiento antigua, señal de respeto.

11 **riza** *f.*: sonido producido por la acción de **reír**.

12 **ciervos** *m.*: grandes animales mamíferos, de patas largas y finas, de color marrón; el macho adulto tiene grandes cuernos que se caen cada año; viven en grupo en los bosques.

13 **cura** *m.*: sacerdote, persona al servicio de la Iglesia católica.

14 **diablo** *m.*: demonio, personaje que representa el poder del mal en la tradición católica.

15 **cañada de los cantuesos** *f.*: una **cañada** es un camino usado por las ovejas para ir de un lugar a otro; los **cantuesos** (*m.*) son plantas altas, de hojas estrechas y largas, con flores moradas de rico olor.

16 **bramido** *m.*: voz, grito de ciertos animales como el toro, la vaca o el ciervo.

17 **huellas** *f.*: señales que las personas o los animales dejan en la tierra cuando andan o corren.

18 **hadas** *f.*: personajes de los cuentos y leyendas representados por mujeres buenas que tienen poderes maravillosos.

19 **nieve** *f.*: sustancia blanca, suave y muy fría –agua helada– que cae del cielo, como la lluvia, normalmente en invierno.

20 **criado** *m.*: hombre que trabaja en casa de otras personas y recibe por ello dinero, comida y cama.

21 **envidia** *f.*: sentimiento negativo experimentado por la persona que se enfada o se pone triste por la buena suerte o situación de otra persona.

22 **cuidados** *m.*: resultados de la acción de **cuidar**, que es ocuparse de una persona, animal o cosa, de preocuparse de que esté bien, de que no le ocurra nada malo.

23 **amor** *m.*: sentimiento de la persona que quiere a otra.

24 **sangre** *f.*: líquido rojo que circula por el cuerpo de las personas y de los animales; antiguamente se decía de una persona que era **limpia de sangre** cuando sus padres, sus abuelos, etc., eran de una misma clase y condición social, generalmente noble, o de una misma raza.

La corza blanca

[25] **flechas** *f.:* armas sencillas, que consisten en una punta metálica o de material duro de forma triangular unida a una varita de madera delgada y que se dispara (ver nota 27) al aire.

[26] **espíritus** *m.:* aquí, seres (ver nota 28) no materiales, maravillosos, producto de la imaginación.

[27] **disparar** aquí, hacer que el arma lance una flecha.

[28] **seres** *m.:* personas, animales o cosas, todo aquello que existe o puede existir.

[29] **charco** *m.:* pequeña cantidad de agua o de otro líquido detenida en el suelo.

Títulos ya publicados de esta Colección

Nivel 1

¡*Adiós, papá!* Óscar Tosal
El misterio de la llave. Elena Moreno
La sombra de un fotógrafo. Rosana Acquaroni
Soñar un crimen. Rosana Acquaroni
Una mano en la arena. Fernando Uría
Mala suerte. Helena González Vela y Antonio Orejudo
El sueño de Otto. Rosana Acquaroni

Nivel 2

El hombre del bar. Jordi Surís Jordà y Rosa María Rialp
En piragua por el Sella. Victoria Ortiz
La chica de los zapatos verdes. Jordi Surís Jordà
La ciudad de los dioses. Luis María Carrero
El libro secreto de Daniel Torres. Rosana Acquaroni
Asesinato en el Barrio Gótico. Óscar Tosal
El señor de Alfoz. M.ª Luisa Rodríguez Sordo
De viaje. Alberto Buitrago
* *La corza blanca.* Gustavo Adolfo Bécquer
* *Rinconete y Cortadillo.* Miguel de Cervantes

Nivel 3

* *Don Juan Tenorio.* José Zorrilla
* *El desorden de tu nombre.* Juan José Millás
* *La Cruz del Diablo.* Gustavo Adolfo Bécquer
* *Marianela.* Benito Pérez Galdós
* *La casa de la Troya.* Alejandro Pérez Lugín
* *Lazarillo de Tormes.* Anónimo
El secreto de Cristóbal Colón. Luis María Carrero
Pánico en la discoteca. Fernando Uría

Nivel 4

Carnaval en Canarias. Fernando Uría
* *El oro de los sueños.* José María Merino
* *La tierra del tiempo perdido.* José María Merino
* *Las lágrimas del sol.* José María Merino
* *La muerte y otras sorpresas.* Mario Benedetti
* *Letra muerta.* Juan José Millás
* *Sangre y arena.* Vicente Blasco Ibáñez

Nivel 5

* *Pepita Jiménez.* Juan Valera
* *Aire de Mar en Gádor.* Pedro Sorela
* *Los santos inocentes.* Miguel Delibes

Nivel 6

* *Los Pazos de Ulloa.* Emilia Pardo Bazán
* *La Celestina.* Fernando de Rojas
* *El Señor Presidente.* Miguel Ángel Asturias

* *Adaptaciones*